地震监测管理条例

中国法治出版社

2024年最新修订

地震监测管理条例

中国法治出版社

目　　录

中华人民共和国国务院令（第 797 号）　………（1）

国务院关于修改和废止部分行政法规的决定

　（节录）……………………………………（2）

地震监测管理条例 ……………………………（4）

中华人民共和国国务院令

第 797 号

《国务院关于修改和废止部分行政法规的决定》已经 2024 年 11 月 22 日国务院第 46 次常务会议通过，现予公布，自 2025 年 1 月 20 日起施行。

总理　李强

2024 年 12 月 6 日

国务院关于修改和废止部分
行政法规的决定（节录）

为全面贯彻党的二十大和二十届二中、三中全会精神，落实党和国家机构改革精神，推进严格规范公正文明执法，优化法治化营商环境，保障高水平对外开放，国务院对涉及的行政法规进行了清理。经过清理，国务院决定：

一、对21部行政法规的部分条款予以修改。（附件1）

二、对4部行政法规予以废止。（附件2）

本决定自2025年1月20日起施行。

附件：1. 国务院决定修改的行政法规
　　　2. 国务院决定废止的行政法规

附件 1

国务院决定修改的行政法规

……

十一、将《地震监测管理条例》第三十六条修改为:"有本条例第二十六条、第二十八条所列行为之一的,由国务院地震工作主管部门或者县级以上地方人民政府负责管理地震工作的部门或者机构责令停止违法行为,恢复原状或者采取其他补救措施。

"单位有前款所列违法行为,情节严重的,处 2 万元以上 20 万元以下的罚款;个人有前款所列违法行为,情节严重的,处 2000 元以下的罚款。构成犯罪的,依法追究刑事责任;造成损失的,依法承担赔偿责任。"

……

此外,对相关行政法规中的条文序号作相应调整。

……

地震监测管理条例

(2004年6月17日中华人民共和国国务院令第409号公布　根据2011年1月8日《国务院关于废止和修改部分行政法规的决定》第一次修订　根据2024年12月6日《国务院关于修改和废止部分行政法规的决定》第二次修订)

第一章　总　　则

第一条　为了加强对地震监测活动的管理,提高地震监测能力,根据《中华人民共和国防震减灾法》的有关规定,制定本条例。

第二条　本条例适用于地震监测台网的规划、建设和管理以及地震监测设施和地震观测环境的保护。

第三条　地震监测工作是服务于经济建设、国防建设和社会发展的公益事业。

县级以上人民政府应当将地震监测工作纳入本级国民经济和社会发展规划。

第四条 国家对地震监测台网实行统一规划，分级、分类管理。

第五条 国务院地震工作主管部门负责全国地震监测的监督管理工作。

县级以上地方人民政府负责管理地震工作的部门或者机构，负责本行政区域内地震监测的监督管理工作。

第六条 国家鼓励、支持地震监测的科学研究，推广应用先进的地震监测技术，开展地震监测的国际合作与交流。

有关地方人民政府应当支持少数民族地区、边远贫困地区和海岛的地震监测台网的建设和运行。

第七条 外国的组织或者个人在中华人民共和国领域和中华人民共和国管辖的其他海域从事地震监测活动，必须与中华人民共和国有关部门或者单位合作进行，并经国务院地震工作主管部门批准。

从事前款规定的活动，必须遵守中华人民共和国的有关法律、法规的规定，并不得涉及国家秘密和危害国家安全。

第二章 地震监测台网的规划和建设

第八条 全国地震监测台网，由国家地震监测台网、省级地震监测台网和市、县地震监测台网组成。

专用地震监测台网和有关单位、个人建设的社会地震监测台站（点）是全国地震监测台网的补充。

第九条 编制地震监测台网规划，应当坚持布局合理、资源共享的原则，并与土地利用总体规划和城乡规划相协调。

第十条 全国地震监测台网总体规划和国家地震监测台网规划，由国务院地震工作主管部门根据全国地震监测预报方案商国务院有关部门制定，并负责组织实施。

省级地震监测台网规划，由省、自治区、直辖市人民政府负责管理地震工作的部门或者机构，根据全国地震监测台网总体规划和本行政区域地震监测预报方案制定，报本级人民政府批准后实施。

市、县地震监测台网规划，由市、县人民政府负责管理地震工作的部门或者机构，根据省级地震监测台网规划制定，报本级人民政府批准后实施。

第十一条 省级地震监测台网规划和市、县地震监测台网规划需要变更的，应当报原批准机关批准。

第十二条 全国地震监测台网和专用地震监测台网的建设，应当遵守法律、法规和国家有关标准，符合国家规定的固定资产投资项目建设程序，保证台网建设质量。

全国地震监测台网的建设，应当依法实行招投标。

第十三条 建设全国地震监测台网和专用地震监测台网，应当按照国务院地震工作主管部门的规定，采用符合国家标准、行业标准或者有关地震监测的技术要求的设备和软件。

第十四条 下列建设工程应当建设专用地震监测台网：

（一）坝高 100 米以上、库容 5 亿立方米以上，且可能诱发 5 级以上地震的水库；

（二）受地震破坏后可能引发严重次生灾害的油田、矿山、石油化工等重大建设工程。

第十五条 核电站、水库大坝、特大桥梁、发射塔等重大建设工程应当按照国家有关规定，设置强震动监测设施。

第十六条 建设单位应当将专用地震监测台网、强震动监测设施的建设情况，报所在地省、自治区、直辖市人民政府负责管理地震工作的部门或者机构备案。

第十七条 国家鼓励利用废弃的油井、矿井和人防工程进行地震监测。

利用废弃的油井、矿井和人防工程进行地震监测的，应当采取相应的安全保障措施。

第十八条 全国地震监测台网的建设资金和运行经费，按照事权和财权相统一的原则，由中央和地方财政承担。

专用地震监测台网、强震动监测设施的建设资金和运行经费，由建设单位承担。

第三章 地震监测台网的管理

第十九条 全国地震监测台网正式运行后,不得擅自中止或者终止;确需中止或者终止的,国家地震监测台网和省级地震监测台网必须经国务院地震工作主管部门批准,市、县地震监测台网必须经省、自治区、直辖市人民政府负责管理地震工作的部门或者机构批准,并报国务院地震工作主管部门备案。

专用地震监测台网中止或者终止运行的,应当报所在地省、自治区、直辖市人民政府负责管理地震工作的部门或者机构备案。

第二十条 国务院地震工作主管部门和县级以上地方人民政府负责管理地震工作的部门或者机构,应当对专用地震监测台网和社会地震监测台站(点)的运行予以指导。

第二十一条 县级以上地方人民政府应当为全国地震监测台网的运行提供必要的通信、交通、水、电等条件保障。

全国地震监测台网、专用地震监测台网的运行受到影响时，当地人民政府应当组织有关部门采取紧急措施，尽快恢复地震监测台网的正常运行。

第二十二条　检测、传递、分析、处理、存贮、报送地震监测信息的单位，应当保证地震监测信息的安全和质量。

第二十三条　专用地震监测台网和强震动监测设施的管理单位，应当将地震监测信息及时报送所在地省、自治区、直辖市人民政府负责管理地震工作的部门或者机构。

第二十四条　国务院地震工作主管部门和县级以上地方人民政府负责管理地震工作的部门或者机构，应当加强对从事地震监测工作人员的业务培训，提高其专业技术水平。

第四章　地震监测设施和地震观测环境的保护

第二十五条　国家依法保护地震监测设施和地震

观测环境。

地震监测设施所在地的市、县人民政府应当加强对地震监测设施和地震观测环境的保护工作。

任何单位和个人都有依法保护地震监测设施和地震观测环境的义务，对危害、破坏地震监测设施和地震观测环境的行为有权举报。

第二十六条 禁止占用、拆除、损坏下列地震监测设施：

（一）地震监测仪器、设备和装置；

（二）供地震监测使用的山洞、观测井（泉）；

（三）地震监测台网中心、中继站、遥测点的用房；

（四）地震监测标志；

（五）地震监测专用无线通信频段、信道和通信设施；

（六）用于地震监测的供电、供水设施。

第二十七条 地震观测环境应当按照地震监测设施周围不能有影响其工作效能的干扰源的要求划定保护范围。具体保护范围，由县级以上人民政府负责管理地震工作的部门或者机构会同其他有关部门，按照国家有关标准规定的最小距离划定。

国家有关标准对地震监测设施保护的最小距离尚未作出规定的，由县级以上人民政府负责管理地震工作的部门或者机构会同其他有关部门，按照国家有关标准规定的测试方法、计算公式等，通过现场实测确定。

第二十八条　除依法从事本条例第三十二条、第三十三条规定的建设活动外，禁止在已划定的地震观测环境保护范围内从事下列活动：

（一）爆破、采矿、采石、钻井、抽水、注水；

（二）在测震观测环境保护范围内设置无线信号发射装置、进行振动作业和往复机械运动；

（三）在电磁观测环境保护范围内铺设金属管线、电力电缆线路、堆放磁性物品和设置高频电磁辐射装置；

（四）在地形变观测环境保护范围内进行振动作业；

（五）在地下流体观测环境保护范围内堆积和填埋垃圾、进行污水处理；

（六）在观测线和观测标志周围设置障碍物或者

擅自移动地震观测标志。

第二十九条 县级以上地方人民政府负责管理地震工作的部门或者机构，应当会同有关部门在地震监测设施附近设立保护标志，标明地震监测设施和地震观测环境保护的要求。

第三十条 县级以上地方人民政府负责管理地震工作的部门或者机构，应当将本行政区域内的地震监测设施的分布地点及其保护范围，报告当地人民政府，并通报同级公安机关和国土资源、城乡规划、测绘等部门。

第三十一条 土地利用总体规划和城乡规划应当考虑保护地震监测设施和地震观测环境的需要。

第三十二条 新建、扩建、改建建设工程，应当遵循国家有关测震、电磁、形变、流体等地震观测环境保护的标准，避免对地震监测设施和地震观测环境造成危害。对在地震观测环境保护范围内的建设工程项目，县级以上地方人民政府城乡规划主管部门在核发选址意见书时，应当事先征求同级人民政府负责管理地震工作的部门或者机构的意见；负责管理地震工作的部门或者机构应当在10日内反馈意见。

第三十三条 建设国家重点工程，确实无法避免对地震监测设施和地震观测环境造成破坏的，建设单位应当按照县级以上地方人民政府负责管理地震工作的部门或者机构的要求，增建抗干扰设施或者新建地震监测设施后，方可进行建设。

需要新建地震监测设施的，县级以上地方人民政府负责管理地震工作的部门或者机构，可以要求新建地震监测设施正常运行1年以后，再拆除原地震监测设施。

本条第一款、第二款规定的措施所需费用，由建设单位承担。

第五章 法律责任

第三十四条 违反本条例的规定，国务院地震工作主管部门和县级以上地方人民政府负责管理地震工作的部门或者机构的工作人员，不履行监督管理职责，发现违法行为不予查处或者有其他滥用职权、玩忽职守、徇私舞弊行为，构成犯罪的，依照刑法有关规定追究刑事责任；尚不构成犯罪的，对主管人员和其他直接责任人员依法给予行政处分。

第三十五条 违反本条例的规定，有下列行为之一的，由国务院地震工作主管部门或者县级以上地方人民政府负责管理地震工作的部门或者机构责令改正，并要求采取相应的补救措施，对主管人员和其他直接责任人员，依法给予行政处分：

（一）未按照有关法律、法规和国家有关标准进行地震监测台网建设的；

（二）未按照国务院地震工作主管部门的规定采用地震监测设备和软件的；

（三）擅自中止或者终止地震监测台网运行的。

第三十六条 有本条例第二十六条、第二十八条所列行为之一的，由国务院地震工作主管部门或者县级以上地方人民政府负责管理地震工作的部门或者机构责令停止违法行为，恢复原状或者采取其他补救措施。

单位有前款所列违法行为，情节严重的，处2万元以上20万元以下的罚款；个人有前款所列违法行为，情节严重的，处2000元以下的罚款。构成犯罪的，依法追究刑事责任；造成损失的，依法承担赔偿责任。

第三十七条　违反本条例的规定，建设单位从事建设活动时，未按照要求增建抗干扰设施或者新建地震监测设施，对地震监测设施或者地震观测环境造成破坏的，由国务院地震工作主管部门或者县级以上地方人民政府负责管理地震工作的部门或者机构责令改正，限期恢复原状或者采取相应的补救措施；情节严重的，依照《中华人民共和国防震减灾法》第八十五条的规定处以罚款；构成犯罪的，依法追究刑事责任；造成损失的，依法承担赔偿责任。

第三十八条　违反本条例的规定，外国的组织或者个人未经批准，擅自在中华人民共和国领域和中华人民共和国管辖的其他海域进行地震监测活动的，由国务院地震工作主管部门责令停止违法行为，没收监测成果和监测设施，并处1万元以上10万元以下的罚款；情节严重的，处10万元以上50万元以下的罚款。

第六章　附　　则

第三十九条　火山监测的管理,参照本条例执行。

第四十条　本条例自 2004 年 9 月 1 日起施行。1994 年 1 月 10 日国务院发布的《地震监测设施和地震观测环境保护条例》同时废止。

地震监测管理条例

DIZHEN JIANCE GUANLI TIAOLI

经销/新华书店
印刷/保定市中画美凯印刷有限公司
开本/850 毫米×1168 毫米　32 开　　　印张/0.75　字数/7 千
版次/2025 年 1 月第 1 版　　　　　　2025 年 1 月第 1 次印刷

中国法治出版社出版
书号 ISBN 978-7-5216-5008-2　　　　　　　　　　定价：5.00 元

北京市西城区西便门西里甲 16 号西便门办公区
邮政编码：100053　　　　　　　　传真：010-63141600
网址：http://www.zgfzs.com　　编辑部电话：010-63141673
市场营销部电话：010-63141612　　印务部电话：010-63141606

(如有印装质量问题，请与本社印务部联系。)

定价：5.00元